BEI GRIN MACHT SICH IHR WISSEN BEZAHLT

- Wir veröffentlichen Ihre Hausarbeit,
  Bachelor- und Masterarbeit

- Ihr eigenes eBook und Buch -
  weltweit in allen wichtigen Shops

- Verdienen Sie an jedem Verkauf

Jetzt bei www.GRIN.com hochladen und kostenlos publizieren

Einführung in die Psychologie. Behaviorismus und das Verhältnis der Psychologie zu den anderen Wissenschaften

GRIN

Bibliografische Information der Deutschen Nationalbibliothek:

Die Deutsche Nationalbibliothek verzeichnet diese Publikation in der Deutschen Nationalbibliografie; detaillierte bibliografische Daten sind im Internet über http://dnb.d-nb.de abrufbar.

ISBN: 9783346645777
Dieses Buch ist auch als E-Book erhältlich.

© GRIN Publishing GmbH
Trappentreustraße 1
80339 München

Druck und Bindung: Books on Demand GmbH, Norderstedt Germany
Gedruckt auf säurefreiem Papier aus verantwortungsvollen Quellen

Das Buch bei GRIN: https://www.grin.com/document/1181444

Einsendeaufgabe

Einführung in die Psychologie

Alternative B – Psychologische Grundlagen und Anwendungsdisziplinen

SRH Fernhochschule – The Mobile University

Modul: Einführung in die Psychologie

Studiengang: B. Sc. Psychologie

Inhaltsverzeichnis

Abkürzungsverzeichnis

Aufl.	Auflage
bspw.	beispielsweise
bzw.	beziehungsweise
d.h.	das heißt
engl.	Englisch
Vgl.	Vergleiche
z.B.	zum Beispiel
sog.	sogenannt
S.	Seite

Abbildungsverzeichnis

1. Aufgabe B1

In Unterkapitel **1.**1 wird das Verhältnis der Psychologie als eigenständige Wissenschaft zu den Naturwissenschaften, Geisteswissenschaften und Sozialwissenschaften betrachtet.
Im folgenden Unterkapitel **1.**2 werden sowohl die Gemeinsamkeiten als auch die Unterschiede in der Methodik dieser wissenschaftlichen Disziplinen gezeigt. Hierbei wird die Psychologie als Vergleichsobjekt genutzt.

1.1 Das Verhältnis der Psychologie zu den Natur-, Sozial- und Geisteswissenschaften

Die Psychologie ist die Wissenschaft des Erlebens und des Verhaltens der Menschen. Sie nutzt geistes-, sozial- und naturwissenschaftliche Denkweisen und Methoden um zu verstehen, was im Inneren eines Menschen vorgeht, was er aber nicht immer nach außen zeigen kann. [1]

Es handelt sich um eine noch sehr junge Wissenschaft, welche sich erst in der zweiten Hälfte des 19. Jahrhunderts etablierte. Als historisches Stichdatum wird hierfür die Gründung eines psychologischen Experimentallabors im Jahr 1879 an der Leipziger Universität genommen.

Ziel dieser empirischen Wissenschaft ist es, das Verhalten systematisch beschreiben, erklären und vorhersagen zu können. Dabei setzt sie sprachliche Präzision und methodische Transparenz, zum Erzielen überprüfbarer Hypothesen und vervielfältig barer Ergebnisse, voraus.

Bei der Psychologie handelt es sich um eine angewandte Sozialwissenschaft, welche sehr viele Verbindungen zu den Natur- und Geisteswissenschaften herstellt, weswegen sie zu keiner der drei genannten Lehren einwandfrei zugeordnet werden kann.[2]

Das menschliche Verhalten und Erleben wird mit diversen Methoden analysiert und perspektivisch verschieden beleuchtet.
Aus der geisteswissenschaftlichen Perspektive lassen sich bspw. das „Leib-Seele-Problem" oder die Auseinandersetzung mit dem sog. „freien" menschlichen Willen betrachten. Aber auch bei ethischen und moralischen Fragen, wie z.B. die Schuldfähigkeit bei Straftaten unter Einfluss bewusstseinsverändernder Stoffe, kommt diese Anschauung zum Tragen.

Der Bezug auf physiologische und (neuro-) anatomische Strukturen und Prozesse erfolgt aus dem naturwissenschaftlichen Betrachtungswinkel, welcher Zusammenhänge zwischen dem Lernen und plastischen Veränderungen im menschlichen Gehirn untersucht.

---

[1] Vgl. Ulich (2005), S. 12
[2] Vgl. Mühlfelder (2017), S. 9 und S. 14

Die sozialwissenschaftliche Anschauung befasst sich mit dem menschlichen Erleben und Verhalten im Kontext sozialer Beziehungen, wobei in verschiedene Analyseebenen unterschieden wird.

Den Anfang macht die Makroebene, auf der ganze Systeme betrachtet werden. In der Mesoebene werden diese Systeme zerlegt und es wird Bezug auf ihre einzelnen Teile genommen. Abschließend setzt sich die Mikroebene dann mit den Akteuren und deren Handlungen/Entscheidungen und Wechselbeziehungen zu anderen Akteuren auseinander.

Als eine Schnittmenge dieser drei Wissenschaften, gelingt es der Psychologie oben genannte Sichtweisen zu vereinigen und so bietet sie unterschiedliche Zugänge zu psychologischen Frage-/ Problemstellungen.

Dies gelingt durch den Einsatz diverser Methoden aus den unterschiedlichen wissenschaftlichen Disziplinen, wie z.B. das kontrollierte Experiment aus den Naturwissenschaften oder aber auch die Feldstudie aus den Sozialwissenschaften.

Hilfreich ist hierbei auch die Möglichkeit, das menschliche Verhalten und Erleben aus verschiedenen Blickwinkeln betrachten und dadurch Anknüpfungspunkte zu anderen Wissenschaften machen zu können.[3]

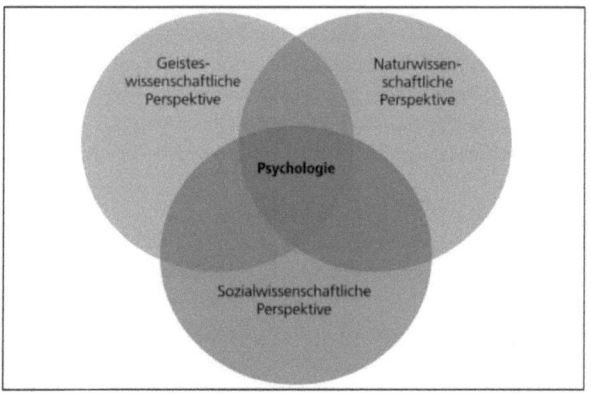

Abbildung 1   Psychologie in der Schnittmenge zwischen Geistes-, Natur- und Sozialwissenschaften
(Quelle: Eigene Darstellung)

---

[3] Vgl. Mühlfelder (2017), S. 10

1.2 Gemeinsamkeiten und Unterschiede in der wissenschaftlichen Methodik

Die Autorin wird die Methoden, welche in der angewandten Psychologie zum Einsatz kommen, nach drei Aspekten gliedern.
Im ersten Aspekt wird sich auf die Aktivität des Forschers bezogen, im zweiten dann auf seine Strategie und der dritte beschäftigt sich mit dem Ort der Forschung.

Zu der Aktivität des Forschers werden hier die Befragung und die Beobachtung gezählt.

Die Befragung stellt eine Kommunikationsform zwischen Personen dar. Sie kann mündlich oder schriftlich, durch das Beantworten von Fragen nach persönlichem Empfinden erfolgen. Dies kann bspw. durch einen Fragebogen oder aber auch durch einen Interviewer stattfinden. Die Fragen beziehen sich meist auf erlebte/soziale Ereignisse oder stellen Meinungen/Bewertungen dar.

Fragebogenstudien kommen meist zum Einsatzwenn es das Ziel ist, so viele Probanden wie möglich zu befragen und dafür nur eine begrenzte Zeit zur Verfügung steht. [4]

Bei der Beobachtung wird das Verhalten einer Person/mehrerer Personen von einem Beobachter registriert. Allerdings gibt es hier auch die Introspektion, welche nach innen auf das eigene Bewusstsein gerichtet ist und demzufolge ist diese Information dann nur dieser Person zugänglich. Ziel einer Beobachtung ist es, die soziale Wirklichkeit vor dem Hintergrund einer interessierenden Forschungsfrage zu beschreiben.

Feldstudien bezeichnen Beobachtungen bei denen Probanden in ihrem natürlichen Umfeld und alltäglichen Vorgaben/Bedingungen untersucht werden. [5]

Die Strategien des Forschers werden in diesem Aufsatz auf die Informationsgewinnung, auf die experimentelle und auf die quasi-experimentelle Vorgangsweise beschränkt.

Bezüglich der Informationsgewinnung muss man einmal in die unsystematische und die systematische Informationsgewinnung unterscheiden.
Die erste Variante hat kein Konzept und die eigenen Erlebnisse, sowie die Reaktionen anderer Beteiligter in subjektiv auffallenden Situationen werden impulsiv wahrgenommen.
Bei der systematischen Informationsgewinnung hingegen ist ein Konzept erkennbar und die Dokumentation von Erlebnissen und Reaktionen erfolgt durch Beobachtung oder Befragung.

---

[4] Vgl. Mühlfelder (2017), S. 32
[5] Vgl. Mühlfelder (2017), S. 34

Zu der experimentellen Vorgangsweise lässt sich sagen, dass der Forscher eine/mehrere unabhängige Variable/n absichtlich manipulieren kann. Hierbei werden die Auswirkungen dieser Manipulation auf die abhängige/n Variable/n beobachtet und dokumentiert.

Dazu nutzt man statistische Zahlen die sich bearbeiten lassen in Form verschiedener Skalenniveaus (Nominal-/Rational-/Ordinal-/Intervallskalenniveau).

Im Gegensatz dazu kann der Forscher bei einer quasi-experimentellen Vorgangsweise nicht absichtlich und gezielt die unabhängigen Variablen manipulieren.

Zu dem dritten Aspekt, dem Ort der Forschung bezieht die Autorin sich zum einen auf das Labor und zum anderen auf das „Feld".

In einem Labor wird in einer nicht natürlichen Situation gearbeitet, d.h. dass die Bedingungen, welche von Interesse sind, künstlich konstruiert werden.
Der Vorteil hierbei ist, dass diese Experimente unbegrenzt wiederholt werden können.

Führt man jedoch eine Studie/Untersuchung im „Feld" durch, arbeitet man mit einer natürlichen Situation, was bedeutet, dass die Bedingungen sich verändern können. Diese Veränderungen können jedoch nicht vom Forscher vorgenommen werden.
Ein Nachteil dieser Experimente ist, dass sie nicht unter exakt den Selben Bedingungen beliebig oft wiederholt werden können.

Als wichtige Methode ist die Aktionsforschung noch zu erwähnen, da sie als eine Art Test betrachtet werden kann und dem Experiment gegenüber steht.
Der Beobachter nimmt hier aktiv am Vorgang teil, wobei bewusste Änderungen vorgenommen werden, wodurch eine Hypothesenprüfung mit dieser Methode nicht möglich ist.
Erkenntnisse werden interaktiv durch das Untersuchen einer Gruppe in ihrem natürlichen Umfeld gewonnen und die zu Untersuchenden wissen hierbei um bspw. die Ziele der Forschung.
Die Aktionsforschung kann als ein Zyklus beschrieben werden, welcher mit der Informationssammlung beginnt. Darauf folgen die Diskussion der gesammelten Informationen und eine Handlungsorientierung. Am Ende steht die Handlung selbst, welche den Zyklus zur erneuten Informationssammlung schließt.

Zunächst soll über die Gemeinsamkeiten gesprochen werden, die zwischen oben genannten Methoden und Methoden anderer Wissenschaften (Natur-/Sozial-/Geisteswissenschaften) erkennbar sind.

In den Naturwissenschaften wird die Beobachtung ebenso wie in der Psychologie genutzt, um Informationen zu generieren und Zusammenhänge verstehen zu können. Sie kann punktuell oder aber zeitraumbezogen erfolgen, wird in verschiedene Kategorien unterteilt und durch unabhängige Dritte durchgeführt. Diese Methode ist auf die Erfassung der sinnlich wahrnehmbaren aktuellen Umwelt gerichtet und hilft bei der Hypothesenbildung.

Eine weitere Methode die diese beiden Wissenschaften nutzen, ist das Experiment. Hier sollen z.b. theoretische Überlegungen geprüft werden, die zuvor aufgestellt wurden. Ziel ist es damit Ursache-Wirkungszusammenhänge aufzudecken, wobei auch hier wieder zwischen verschiedenen Arten von Experimenten unterschieden werden muss.

Mit den Sozialwissenschaften teilt die Psychologie sich außer der Beobachtung, und der Experimente auch noch die Befragung und die Dokumentenanalyse, sowie die bereits erläuterte Aktionsforschung.
Die Befragung dient in beiden wissenschaftlichen Disziplinen dem Sammeln von Daten über eine bestimmte Zielgruppe (z.b. Meinungen, Persönlichkeitsmerkmale). Bei dieser Datenerhebungsmethode geben die Befragten Informationen über bspw. ihre Einstellungen oder Verhaltensweisen preis. Auch hier gibt es wieder eine Vielzahl an Befragungsarten: schriftlich/mündlich, standardisiert/halb-standardisiert/nicht standardisiert.

Bei der Methode der Dokumentenanalyse sind Forscher daran interessiert Daten über das menschliche Verhalten und Erleben aus bereits vorliegenden Dokumenten zu erschließen. Dafür muss eine geeignete Stichprobe aus qualifizierten Elementen ausgewählt werden.
Der Vorgang der Dokumentenanalyse wird von den Wissenschaften als Ausgangspunkt für Inhaltsanalysen oder zur Orientierung in einem bestimmten Themenfeld genutzt.

Die Aktionsforschung kommt zum Einsatz wenn bestimmte soziale Probleme nur unter Mitwirkung der Betroffenen zu lösen sind.

Als Beispiel für einen Unterschied wird die Hermeneutik angeführt. Diese Methode findet in der Psychologie und in den Geisteswissenschaften Anwendung. In der Psychologie zum Auswerten und Interpretieren wissenschaftlicher Dokumente und bei den Geisteswissenschaften in dem sinnhaften Verstehen von Phänomenen. Allerdings beschränkt sich die Hermeutik in der Psychologie nicht nur auf oben genanntes, sie bezieht ebenso das Verstehen aus den Geisteswissenschaften mit ein.

Da hier keine klare Abgrenzung gefunden werden kann, entscheidet sich die Autorin dazu, diese als eine weitere Gemeinsamkeit zu nennen.

Im allgemeinen Sinn dient die Hermeneutik dem Auslegen und Interpretieren von Texten. Es wird versucht Sinnzusammenhänge von menschlichen Äußerungen zu verstehen und den „Inneren Sinn" in ihnen zu erkennen. Hierbei wird nicht durch

Experimente oder Studien geprüft und es werden auch keine mathematischen Gesetzmäßigkeiten aufgestellt.

Diese Methode ist das Begreifen von menschlichen Bedeutungen und Interessen, welche nicht greifbar sind und so indirekt über bspw. Kunst (z.b. Plakate) erschlossen werden müssen.

Als ein Unterschied kann die Nutzung von Primär- und Sekundärforschung genannt werden. Die Psychologie als Wissenschaft macht sich beide zu Nutze, wo hingegen sich die Geisteswissenschaften der Sekundärforschung bedienen.

Primärforschung bezeichnet das Gewinnen von Daten, die durch Befragungen, Beobachtungen und Experimente „vor Ort" gewonnen werden. Wenn die durch die Sekundärforschung generierten Daten zur Lösung des Problems nicht ausreichen oder sogar ungeeignet sind.

Bei der Sekundärforschung geht es um Informationen, welche aus bereits vorhandenem Datenmaterial gewonnen werden. Hier unterscheidet man zwischen innerbetrieblichen und außerbetrieblichen Sekundärquellen.

2. Aufgabe B2

Im folgenden Kapitel werden im Unterkapitel **2.1** die Begriffe Korrelation und Kausalität erläutert. Desweiteren wird kurz erklärt wieso der Nachweis von Kausalität sehr aufwendig ist. Unterkapitel **2.2** beschäftigt sich mit der Frage, warum eine Korrelation nicht gleich eine Kausalität bedeutet?. Das nachfolgende Unterkapitel **2.3** setzt sich mit dem Begriff „Scheinkorrelation" auseinander und verdeutlicht diesen an einem Beispiel. Das letzte Unterkapitel **2.4** handelt von der Reduktion der Störvariablen bei „Scheinkorrelation".

2.1. Korrelation und Kausalität

Die Korrelation beschreibt ein häufiges gemeinsames Auftreten von bspw. Ereignissen oder Eigenschaften von z.B. Gegenständen, also die Beziehung zwischen Ursache und Wirkung. Es ist nicht bekannt, welche Variable welche beeinflusst oder ob ein dritter Einflussfaktor für die statistischen Zusammenhänge verantwortlich ist. Mithilfe der Korrelation wird die Abhängigkeit (linear) von Elementen zueinander bestimmt.

Die Berechnung erfolgt durch den Korrelationskoeffizienten, welcher die Stärke des Zusammenhangs zwischen zwei Variablen bestimmt. Er liegt zwischen „-1" und „+1", wobei das erste den perfekten negativen und das letztere den perfekten positiven Wert darstellt.

Liegt der Wert dieses Koeffizienten jedoch bei 0, heißt das, dass es keinen Zusammenhang zwischen diesen beiden Variablen gibt.

Bei der Kausalität handelt es sich um die Beziehung zwischen Ereignissen und sie liegt vor, wenn man sicher weiß, welche Variable welche beeinflusst. Es liegt ein klarer Ursache-Wirkungs-Zusammenhang vor (Fröhlich (2008), S. 275).

Das Auftreten von „A" macht die Anwesenheit von „B" notwendig bzw. setzt diese voraus oder „A" wird von „B" begleitet bzw. gefolgt.

Außerdem ist eine Kausalbeziehung methodisch nur schwer nachweisbar.
Der Nachweis von Kausalität ist aus diversen Gründen aufwendig. Zum einen kann eine Multikausalität möglich sein d.h., dass es einen große Anzahl an möglichen Ursachen gibt und zum anderen ist auch ein Attributionsfehler möglich.
Attributionsfehler treten auf, wenn Ursachen übersehen werden, die nicht im Bezug zu der eigenen Handlung stehen.
Ein weiterer Faktor sind die sog. Gedächtnis- und/oder Messprobleme, bei denen weiter zurückliegende Ereignisse ausgelassen werden. [6]

2.2. Warum Korrelation nicht Kausalität bedeutet?

Grundsätzlich lässt sich sagen, dass Korrelationen ein Hinweis auf einen kausalen Zusammenhang sein können. Das allein ist jedoch noch kein Beweis für einen solchen Zusammenhang.
Variablen können einen kausalen Bezug aufweisen, ohne einen tatsächlichen Einfluss aufeinander auszuüben.[7]

Es gibt häufig eine Variable „C", welche die beiden Variablen „A" und „B" beeinflusst. Durch den Einfluss, den diese dritte Variable auf die anderen beiden Elemente ausübt, sieht es so aus als ob zwischen Ihnen ein direkter Zusammenhang bestünde.
In diesem Fall lässt sich kein klarer Ursache-Wirkungs-Zusammenhang erkennen, es kann eine sog. „Scheinkorrelation" entstehen.

2.3. „Scheinkorrelation" am Beispiel erläutert

Eine „Scheinkorrelation" beschreibt den vermeintlichen Zusammenhang zwischen korrelierenden Ereignissen.
Beide Ereignisse werden systematisch von einer dritten Variable „C" beeinflusst.
Diese Variable bezeichnet man auch als Störfaktor oder Störvariable.

---

[6] Vgl. Reinhardt (2014), S. 21
[7] Vgl. Gerrig (2019), S. 21

Zu Beginn muss geklärt werden, in welchem Zusammenhang Variable „A"
(Storchenpopulation) und Variable „B" (Geburtenrate) stehen.
Als Ausgangspunkt dafür wird hier folgende Frage genommen: „Bringen Störche die
Babys?".

Diese Frage stellte sich auch Robert Matthews und aus diesem Grund führte er in 17
Ländern eine Studie durch, welche ein hochsignifikantes Ergebnis brachte.
Der Korrelationskoeffizient „r" lag bei 0,62 (r = 0,62) und die Wahrscheinlichkeit,
der „p-Wert" lag bei 0,008 (p = 0,008).

Anmerkung der Redaktion: Abbildung wurde aus urheberrechtlichen Gründen
entfernt.

Das solch eine Korrelation vorhanden ist, lässt sich durch eine lineare Regression
bestätigen. Diese führt man zwischen der Geburtenrate (pro Jahr) in jedem Land (in
der Tabelle 1 die letzte Spalte) und der Anzahl der Brutpaare der Störche (in Tabelle
1 Spalte drei) durch.
Durch dieses Vorgehen erhält man einen Korrelationskoeffizienten („r") von 0,62.

Im Weiteren geht es darum, dass die statistische Signifikanz von „r" errechnet wird.
Dafür nutzt man den t-Test, geht von t = r*J(n – 2)/(1 – r2) und von „n" als
Stichprobenumfang aus.
Der Stichprobenumfang wäre hier n = 17, was dazu führt, dass t = 3,06 ist.
Nun wird n – 2 gerechnet, was zu 15 Freiheitsgraden führt und so erhält man p =
0,008.

Der p- Wert wird noch einmal mit 125 (0,008 * 125 = 1) multipliziert und so lässt sich
mit Bezug zum Korrelationskoeffizienten sagen, dass es nur eine Chance von 1 zu
125 gibt, dass die Babys vom Storch gebracht werden.

Impliziert man noch das Ereignis der Gegenwahrscheinlichkeit (124 zu 125)so liegt diese bei 99,2 %.

Auf der Suche nach einer plausiblen Erklärung für dieses Phänomen, gelangt man zu der Schlussfolgerung, dass es eine dritte, bisher unberücksichtigte Variable geben muss.
Für solch eine Drittvariable gibt es verschiedene Möglichkeiten, in diesem Beispiel wird sich für die „Landesgröße" entschieden.

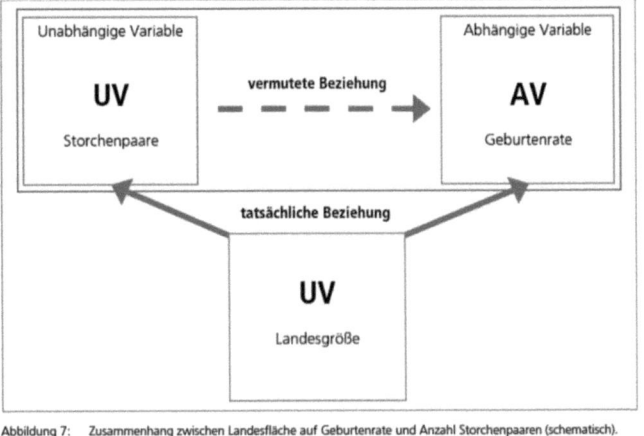

Abbildung 7:   Zusammenhang zwischen Landesfläche auf Geburtenrate und Anzahl Storchenpaaren (schematisch). (Quelle: Eigene Darstellung)

Anhand von Abbildung 7 erkennt man dass es sich bei der Storchenpopulation und der Geburtenrate um eine „vermutete" eine scheinbare Beziehung handelt. Die eigentliche tatsächliche Beziehung besteht aber zwischen der Drittvariable „Landesgröße" zum einen zu Variable „A" und zum anderen zur Variable „B".

Es liegt also kein Kausalzusammenhang vor, sondern lediglich eine zufällige Beziehung beider Ereignisse.

Diese „Scheinkorrelation" entsteht durch die Tatsache, dass in ländlichen Gebieten eine höhere Storchenpopulation vorhanden ist, als bspw. in Großstädten.
Ähnlich verhält es sich mit der Geburtenrate, da auf dem Land tendenziell mehr Kinder pro Familie geboren werden, als in der Stadt.

Die Variable „Landesgröße" lässt sich aber auch durch das Element „Wirtschaftsentwicklung" ersetzen.
In diesem Fall ist die vermutete Beziehung wie folgt durch ein erhöhtes Jobangebot für Frauen und die Industrialisierung zu erklären.

Frauen haben in der heutigen Zeit in den meisten Ländern genauso wie Männer Zugang zur Bildung. Dadurch wird ihre Chance auf einen Arbeitsplatz erhöht und es vereinfacht die Jobsuche.

Das hat zur Folge, dass die Geburtenrate durch die sich vermehrt auf die Arbeit konzentrierende Frau zurückgeht.

Gleichzeitig setzt die Industrialisierung ein, wodurch es zu einer erhöhten Umweltbelastung kommt.

Eine Folge davon ist der Rückgang der Storchenpopulation.

Wieder werden „A" und „B" von einer Drittvariable beeinflusst ohne selbst einen direkten Einfluss aufeinander zu nehmen.

2.4. Reduzieren von Störvariablen bei „Scheinkorrelationen"

Im oben aufgeführten Beispiel handelt es sich bei der Drittvariable (z.B. der „Landesgröße") um eine Störvariable.

Durch das Anwenden der Randomisierung, versucht man solche Variablen zu kontrollieren bzw. zu neutralisieren.

Bei diesem Vorgehen erfolgt die Zuordnung von Probanden zufällig zu verschiedenen Bedingungen des Experiments. Dadurch wird erreicht, dass Störgrößen auf alle Gruppen gleichmäßig verteilt werden.

Es wird in die zentrale und in die dezentrale Randomisierung unterschieden.

Bei der ersten Art erfolgt die unabhängige Gruppenzuteilung durch eine Software.

Die Gruppenzuteilung bei der dezentralen Randomisierung wird vor Ort durch bspw. das Ziehen von Briefumschlägen vorgenommen. Diese Art der Verteilung ist aber sehr vorhersehbar und demzufolge auch leicht beeinflussbar.

Es gibt bei diesem Prozess nicht nur unterschiedliche Arten, auch die Verfahren sind divers.

Die Quasi-Randomisierung beinhaltet eine gewisse Balance und die Zuteilung erfolgt durch einen vorhersehbaren Mechanismus.

Eben jene Balance ist auch bei der Blockrandomisierung vorhanden, bei der die Verteilung in Verhältnissen vorgenommen wird.

Im Gegensatz dazu findet man bei der nicht eingeschränkten Randomisierung eine solche Balanciertheit nicht und die Zuteilung geschieht zufällig.

Als letztes wird die adaptive Randomisierung aufgeführt, bei der die Zuteilung als ein dynamischer Prozess betrachtet wird und unter Berücksichtigung bereits voraus gegangener Verteilungen erfolgt.

3. Aufgabe B3

Das letzte Kapitel beschäftigt sich mit dem Beitrag, den der Behaviorismus zur Erforschung der Lernprozesse beigetragen hat. Dazu wird in Unterkapitel **3.1** der Begriff Behaviorismus erläutert und wie sich Belohnung und Bestrafung auf einen Lernprozess auswirken. In Unterkapitel **3.2** geht es darum die Begriffe „Belohnung" und „Bestrafung" in einen gemeinsamen Zusammenhang bezüglich des Lernprozesses zu bringen. Weitergehend wird in Unterkapitel **3.3** die Verhaltensänderung durch eine operante Konditionierung beleuchtet.

3.1. Behaviorismus und die Erforschung von Lernprozessen

Der Behaviorismus (engl. behaviorism) befasst sich mit der Untersuchung menschlicher Reaktionen auf unterschiedliche Umwelteinflüsse mithilfe naturwissenschaftlicher Methoden. Als Begründer dieser psychologischen Strömung gilt der Wissenschaftler John B. Watson, der als Behaviorist versucht die Reaktionen von Individuen zu kontrollieren. [8]

Entsprechend dieses Modells wird das Verhalten von Organismen beobachtet und es wird versucht Reaktionen auf Reize zu erklären. Bei diesen Betrachtungen werden geistige und mentale Prozesse nicht berücksichtigt bzw. ganz ausgelassen.

Diese ausgelassenen Prozesse werden in einer „Black Box" zusammengefasst. Durch diese Neuausrichtung der wissenschaftlichen Strömung, wird der Mensch alleine auf das Verhalten reduziert, welches er hervorbringt.

Für Behavioristen ist demzufolge nur „das Äußere" von Belang, sie interessieren sich nicht für das „Innenleben".
Der Fokus liegt auf den Prozessen, welche sich zwischen dem Element und dessen äußerer Umwelt ereignen.

Zur Verdeutlichung dieses Prozesses wird das Reiz-Reaktions-Modell (engl. Stimulus Response Modell) genutzt.
Es wird ein Reiz aus der äußeren Umwelt aufgenommen, was zu einer Reaktion des Organismus führt.
Durch das Abschwächen oder Verstärken dieser Reize, kann ein Lernprozess bezüglich des darauffolgenden Verhaltens erfolgen.

„Ein Reiz ist eine physikalisch energetische Veränderung, die die Rezeptorensysteme des Organismus erreichen und erregen können." (Wörterbuch Psychologie, Werner D. Fröhlich, 2000, S. 408)
Eine Reaktion ist eine auf den Reiz folgende Aktivität des Menschen/des Tieres.

---

[8] Vgl. Ulich (2005), S. 115

Die oben genannte „Black Box" wird von Behavioristen als Bezeichnung für das Gehirn bzw. den gesamten Organismus benutzt, in welchem die mentalen Prozesse ablaufen.durch ihre Sinnesorgane nehmen Menschen/Tiere Reize aus ihrer äußeren Umgebung auf. Diese Reize werden in die „Black Box" weitergeleitet wo geistige Prozesse ablaufen. Das Ergebnis dieses Prozesses ist schließlich die Reaktion des Elementes auf den eingegangenen Reiz.

Die Introspektion (= Selbstbeobachtung) wird im Behaviorismus vollständig abgelehnt. Ebenfalls abgelehnt werden oben genannte mentale Prozesse (z.b. Ziele, Intentionen, Gedanken, Gefühle) die Grund für dieses Verhalten sind.
Das Verhalten von Organismen könnte durch diese Konditionierung im Prinzip beliebig weit modifiziert werden.

In der heutigen Zeit kommen die Grundsätze der behavioristischen Strömung in der Verhaltenstherapie (Psychotherapie) oder in dem Training von Tieren zum Einsatz (z.B. Hundeschule, Dressur im Reitsport).

Die Grundannahmen, die in der Verhaltenstherapie praktiziert werden, stehen in einem engen Zusammenhang mit dem Kognitivismus bzw. mit der kognitiven Wende. Demnach sind sie stark modifiziert und komplexer ausgearbeitet. Dennoch werden bis heute alle (als pathologisch verstandenen) Verhaltensweisen als erlernbar oder verlernbar betrachtet.
Verhaltenstherapien richten so die Möglichkeit ein, neue Lernerfahrungen sammeln zu können und die Verhaltensweisen so zu verbessern, dass eine Reduktion der psychischen Belastung erfolgt.

Auch im Alltag wie z.B. in der Schule fanden Methoden (belohnen/bestrafen), die sich lange am Behaviorismus orientierten Anwendung.
Bekannte Beispiele dafür sind zum einen das „in die Ecke Stellen" für ein Fehlverhalten wie das Stören des Unterrichts oder das Brechen familiärer Regeln.

Klassische Verbote, als Reaktion auf ein Fehlverhalten wie Beschimpfungen oder schlechte Noten, orientieren sich ebenfalls am Behaviorismus.
Eine Bestärkung für positives Verhalten sind aus schulischer Sicht die „Bienchen-Stempel" als eine Belohnung. Die Theorie des Behaviorismus hatte allerdings bis auf die genannten Beispiele keinen weiteren erheblichen Einfluss auf die institutionelle Bildung.

Die Tiererziehung baut fast ausschließlich auf der operanten Konditionierung auf und ist deswegen ein zentraler Bestandteil in bspw. Hundeschulen oder beim Training im Reitsport.
Nach dieser behavioristischen Lerntheorie wird hauptsächlich auf das Belohnen von positivem Verhalten gesetzt, als auf das Bestrafen, um die Verhaltensweisen so dauerhaft in die gewünschte Richtung zu lenken.

[8] Vgl. Ulich (2005), S. 115

Vergleicht man vor dem Hintergrund der Ethik die Erziehung von Kindern mit der Dressur von Tieren ist klar, dass Tiere die Position eines formbaren Objekts einnehmen.

Diese Objektivierung ist bei der Erziehung von Tieren in der heutigen Zeit als akzeptabel betrachtet, wo hingegen es bei der Kindererziehung als eine anti pädagogische Ansicht abgetan wird.
Dies könnte also ein Hinweis auf eine Weltansicht sein, die Individuen „diskriminiert", weil sie einer anderen Spezies angehören.

Vor dem Hintergrund der Ethik aber auch vor dem Kontext der behavioristischen Forschung, ist eine solche Sichtweise abzulehnen, da sich sowohl der Mensch als auch das Tier als weitestgehend ebenbürtig im Bezug auf die Konditionierung erwiesen.

Im Laufe der Zeit haben sich zwei Behavioristische Lerntheorien herauskristallisiert: die klassische und die operante Konditionierung.
Die klassische Konditionierung zielt darauf ab, dass Organismen auf einen speziellen Reiz hin ein spezielles Verhalten zeigen.
Bei der operanten Konditionierung liegt der Fokus auf dem Belohnen bzw. dem Bestrafen von erwünschtem oder unerwünschtem Verhalten. Ziel ist es, dass erwünschtes Verhalten häufiger auftritt und unerwünschtes Verhalten vermieden wird.

3.2. Belohnung und Bestrafung

Im Laufe der Zeit kam die Frage auf, ob Belohnung oder Bestrafung effektiver für einen Lernprozess ist. Erfolgt auf eine spezifische Aktion eine positive Reaktion, dann neigen Tiere/Menschen dazu, diese Reaktion in der Zukunft zu wiederholen. Wird ein Verhalten jedoch mit einer negativen Reaktion bemessen, dann ist es wahrscheinlich, dass eben dieses Verhalten in der Zukunft nicht mehr gezeigt wird. Allerdings ist der Lernprozess viel umfangreicher und kann nicht so einfach auf „gut" und „schlecht" reduziert werden.

Der Organismus wird hier extrinsisch motiviert, doch bei dieser Motivation hält das gezeigte Verhalten nur so lange an, wie die Bestrafung bzw. Belohnung erhalten bleibt.
Der Bestrafte/Belohnte lernt hier also nicht warum gezeigtes Verhalten falsch oder richtig ist. Lediglich wird hier verstanden, dass gewisse Aktionen, bestimmte Reaktionen hervorrufen.

Bestrafung ist meist schnell und simpel, jedoch nicht nachhaltig.
Die bessere Option wäre hier das Aufzeigen von Alternativen zum „falschen" Verhalten, anstatt dieses direkt zu bestrafen.

Eine Bestrafung zieht eine unmittelbare Verhaltensänderung mit sich, ganz gleich wie stark oder hoch diese ausfällt.

Erklären lässt sich diese Tatsache am ehesten aus evolutionärer Sicht, da Fehler damals mit oftmals lebensbedrohlichen Folgen quittiert wurden.
Ein Überleben war demzufolge nur mit einer augenblicklichen Verhaltensänderung möglich.

Bei Belohnungen muss man differenzieren, denn Belohnung ist nicht gleich Belohnung.

Belohnungen motivieren Menschen/Tiere z.b. zu positivem Verhalten, allerdings sind diese Organismen in der Lage zwischen der Höhe der Belohnungen zu unterscheiden. Bekommt also jemand eine höhere Gegenleistung für das Selbe positive Verhalten, wie bspw. sein Nachbar, kann es sein, dass er die Motivation verliert und das vorher gezeigte Verhalten nicht mehr anwendet. Denn seine Belohnung kommt ihm nun, da er die des anderen kennt, nicht mehr ausreichend vor.
Womöglich könnte er seine eigene Belohnung nun sogar als eine Art Bestrafung betrachten.

Schlussfolgernd lässt sich sagen, dass sich Belohnungen und Bestrafungen beide zum Motivieren eignen, sie allerdings differenziert und in gekonntem Maß eingesetzt werden müssen.

3.3. Verhaltensänderung durch operante Konditionierung (eigenes Beispiel)

Um zu verdeutlichen wie die Verhaltensänderung durch operante Konditionierung erfolgt, wird dies nun an einem Beispiel aus der Tierwelt erklärt.
Die Autorin, aus deren Leben dieses Beispiel gegriffen ist wird im kommenden Text als „Ich" bezeichnet.

Vor zwei Jahren habe ich mein Pferd gekauft und zu uns nach Hause geholt. Nach wenigen Wochen begann er vereinzelt, sobald ich ihn rief zu wiehern. Dieses Verhalten empfand ich als niedlich und belohnte es mit einem Leckerli.

Nach wenigen Wochen war zu beobachten, dass er oben genanntes Verhalten immer öfter zeigte. Erst als er nur meine Stimme hörte, dann nach weiteren Wochen jedoch, zeigte er dieses Verhalten auch ich nur als ich in Sichtweite kam. Ebenfalls belohnte ich hier mit einem Leckerli.

Einige Zeit später, war mir diese erlernte Aktion jedoch lästig, da ich mich an dieses gewöhnt hatte und es nur noch als laut empfand. Aufgrund dieser Veränderung meines persönlichen Empfindens, verweigerte ich meinem Pferd die Belohnungen.

Zuerst schien ihn das nicht zu stören, doch nach kurzer Zeit fiel mir auf, dass er nicht mehr wieherte, wenn er mich sah.

Ich hatte unbewusst eine negative Verstärkung auf mein Pferd ausgeübt bzw. auf sein Verhalten ausgeübt.

Zwar erhielt er keine Bestrafung für das gezeigte, frühere als positiv empfundene Verhalten, allerdings blieb auch die positive Verstärkung aus.

Demzufolge hatte er die Motivation verloren gewünschtes Verhalten zu zeigen, da die Belohnungen für dieses ausblieben.

Operante Konditionierung ist vielseitig einsetzbar und hat einen maßgeblichen Anteil an der Erziehung von Menschen/Tieren. Ebenfalls können das Erlernen und Verlernen bestimmter Verhaltensweisen mit dieser behavioristischen Lerntheorie reguliert werden.

Literatur- und Quellenverzeichnis   Internetquellen

Copyright 2021, TarGroup Media GmbH. Was ist Psychologie?
Zugriff am 06.12.2021, 15:52 Uhr
https://www.psychologie-studieren.de/infos/was-ist-psychologie/#definition-psychologie

Bundeszentrale für politische Bildung. Schubert, Klaus / Klein, Martina. Das Politiklexikon.7.
(2020). Makro-/ Meso-/ Mikroebene
Zugriff am 08.12.2021, 15:33 Uhr
https://m.bpb.de/nachschlagen/lexika/politiklexikon/296425/makro-meso-mikroebene

Naturwissenschaftliche Methode. Stand vom Juni 2004.
08.12.2021, 12:30 Uhr
www.bsbzarchiv.de/unterricht/natwiss_methode.htm

Copyright by Erzieherspickzettel.de. 2016-2021. Laura Leinweber. Methoden der
wissenschaftlichen Psychologie.
08.12.2021: 12:14 Uhr
https://erzieherspickzettel.de/ausbildungsthemen/methoden-der-wissenschaftlichen-
psychologie/

Copyright 2016 by Sowi-Online e.V. (1999 Hans Peter Henecka). 2007 sowi-online e.V.
Methoden der Sozialwissenschaften.
08.12.2021, 12:45 Uhr
https://www.sowi-online.de/praxis/methode/methoden_sozialwissenschaften.html

Geisteswissenschaftliche Forschungsmethoden
08.12.2021, 13:04 Uhr
www.lern-psychologie.de/common/geisteswissenschaft.htm

Methoden und Bereiche der angewandten Psychologie, S. 4 und S. 5
09.12.2021, 12:04 Uhr
www.poekl-
net.at/psychologie/skriptenservice/angewandte/GRITASKRIPT_WIPSY_TEIL1.pdf

Statista. Definition Scheikorrelation.
06.12.2021, 16:08 Uhr
https://de.statista.com/statistik/lexikon/definition/118/scheinkorrelation/

Robert Matthews (Original). Joachim Engel, Ludwigsburg (Übersetzung). Der Storch bringt
die Babys zur Welt (p=0.008). Uni Paderborn, 2001, Heft 2 S.21-23. „Stochastik in der
Schule".
10.12.2021, 14:01 Uhr
www3.math.uni-paderborn.de/~agbiehler/sis/sisonline/struktur/jahrgang21-
2001/heft2/Langfassungen/2001-2_Matth.pdf

Erwin Ebermann. Institut für Kultur- und Sozialanthropologie. Grundlagen statistischer Auswertungsverfahren. Letzte Aktualisierung: 18.06.2010, 16:42 Uhr
10.12.2021, 15:09 Uhr
https://www.univie.ac.at/ksa/elearning/cp/quantitative/quantitative-106.html

CRO Dr. med. Kottmann GmbH & Co. KG. Randomisierung. Letzte Aktualisierung: 17.11.2021
11.12.2021, 08:12 Uhr
https://www.cro-kottmann.de/de/randomisierung.html

Koops, Michael. Letzte Aktualisierung: 10.10.2011
06.12.2021, 16:30
Am 23.12.2021 um 15:29 ist die Quelle nicht mehr aufrufbar
www.biologie-lexikon.de/lexikon/operante_konditionierung.php

Lukas Krönert. Der Mensch als Maschine? Das Menschenbild im Behaviorismus. Letzte Aktualisierung: 08.06.2021.
15.12.2021, 18:45 Uhr
https://intrapsychisch.de/der-mensch-als-maschine-das-menschenbild-des-behaviorismus/

Literatur- und Quellenverzeichnis

Fröhlich, W. D. (2008), Wörterbuch Psychologie, 26. Überarbeitete Auflage, S, 275, Deutscher Taschenbuch Verlag GmbH & Co. KG, München

Mühlfelder, M. (2017), Psychologie studieren an der SRH Fernhochschule, 1. Auflage, 1.1, S 9-10, Studienbrief der SRH Fernhochschule, Riedingen.

Mühlfelder, M. (2017), Psychologie studieren an der SRH Fernhochschule, 1. Auflage, 1.4, S. 14-15, Studienbrief der SRH Fernhochschule, Riedingen.

Mühlfelder, M. (2017), Psychologie studieren an der SRH Fernhochschule, 1. Auflage, 3.3, S. 30-33, Studienbrief der SRH Fernhochschule, Riedingen.

Reinhardt, R. (2014), Grundlagen der empirischen Sozialforschung., 1. Auflage, 1.3.7, S. 21-22, Studienbrief der SRH Fernhochschule, Riedingen.

Mühlfelder, M. (2017), Einführung in die Psychologie, 1. Auflage, 1.4, S. 17-18, Studienbrief der SRH Fernhochschule, Riedingen.

Gerrig, R. J. (2015), Psychologie, 20. Auflage, S.21, Halbergmoos.

Ulich, D., (2005) Grundriss der Psychologie: Einführung in die Psychologie, 4. Auflage